AF563732

ÉMILE BADEL

M. HENRY BOUCHER

MINISTRE DU COMMERCE
DE L'INDUSTRIE, DES POSTES ET TÉLÉGRAPHES

à

l'École Professionnelle de l'Est

SOUVENIR

du Mardi 19 Octobre 1897

NANCY
IMPRIMERIE A. CRÉPIN-LEBLOND
21, RUE SAINT-DIZIER, 40, RUE DES DOMINICAINS
1897

M. HENRY BOUCHER

DÉPUTÉ DES VOSGES
MINISTRE DU COMMERCE, DE L'INDUSTRIE,
DES POSTES ET TÉLÉGRAPHES

M. le Ministre

DU COMMERCE

à l'Ecole Professionnelle de l'Est

Le 14 décembre 1895, en présence d'un auditoire d'élite comprenant les administrateurs du département et de la ville de Nancy, les principaux industriels et commerçants de la région, les membres de la Chambre de Commerce, M. Robert Herborn, ingénieur des Arts et Manufactures, directeur de l'École Professionnelle de l'Est, faisait, sous le patronage de la Société industrielle de l'Est, une brillante conférence sur l'*Enseignement technique industriel et commercial en France et à l'étranger.*

Les idées du conférencier, fruit de nombreuses études, de voyages en France et à l'étranger, paraissaient toutes neuves à la grande majorité des auditeurs. Et quand M. Herborn eut terminé par un pressant appel à l'organisation de cet enseignement technique si nécessaire, on put dire que la cause était gagnée.

C'est de cette conférence qu'est née à Nancy l'idée de créer une École supérieure de Commerce, pareille à celles de Paris, Bordeaux, Le Havre, Lyon, etc.

Les promoteurs ne s'endormirent point. Moins d'un an après la conférence de M. Herborn, l'École de Commerce était fondée sous le patronage de la Chambre de Commerce de Nancy, officiellement approuvée par un décret du 2 octobre 1896 et construite dans les dépendances de l'École Professionnelle de l'Est. L'idée de M. Herborn était tombée sur un terrain fertile ; répondant à une véritable nécessité de notre époque, la nouvelle École, fille de l'œuvre féconde des Loritz, des Tabellion, des Wohlgemuth, allait s'épanouir tout à côté, dans un superbe bâtiment construit sur les plans d'un ancien élève de l'École professionnelle, M. Germain, attaché à la Direction des travaux de la Ville de Nancy et habilement décoré par ce « maître huchier » dont la Lorraine est si fière, Eugène Vallin.

Il ne m'appartient pas de parler ici de la nouvelle École supérieure de Commerce de Nancy ; mais ce fut l'inauguration de cette École qui amena à Nancy M. Henry Boucher, Ministre du Commerce, le mardi 19 octobre 1897, et qui fournit l'occasion au dévoué Ministre de visiter en détail l'École professionnelle de l'Est et de récompenser son chef distingué, M. Herborn.

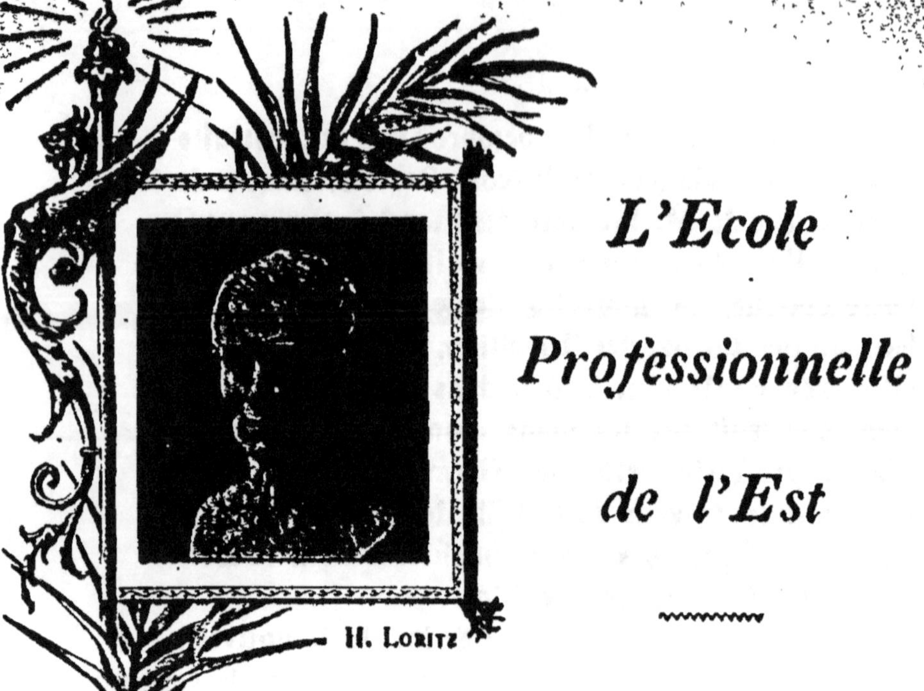

H. Loritz

L'Ecole Professionnelle de l'Est

Fondée en 1844 par Loritz, de vénérée mémoire, sous le nom de Pensionnat Callot, rue du Tapis-Vert, à Nancy, l'École Professionnelle de l'Est porta successivement les noms d'Ecole Loritz, Ecole Tabellion, pour enfin prendre en 1881 le nom actuel.

Une société d'actionnaires de la région de l'Est reprit en 1881 l'Ecole des vaillantes mains de M. André Tabellion.

Le but de l'Ecole professionnelle était ainsi tracé par les fondateurs (art Ier des statuts) : « Il est formé entre les contractants et ceux qui adhéreront aux présents statuts, une société anonyme qui a pour objet de régir une institution destinée à préparer les jeunes gens aux carrières industrielles, commerciales et agricoles, aux ponts et chaussées, au service vicinal, aux postes et télégraphes, aux contributions indirectes, aux douanes, à l'enseignement, aux écoles d'arts et métiers, aux écoles vétérinaires et d'agriculture, à l'Ecole centrale, à l'Ecole des mineurs, aux beaux-arts, etc. »

Depuis cette époque, notre Ecole n'a fait que grandir et prospérer. Répondant à tous les besoins du jour et à toutes les vocations, l'œuvre de Loritz s'est affermie et transformée d'année en année; la confiance des parents nous est venue, pendant que les dévoués directeurs Wohlgemuth et Herborn s'entouraient de collaborateurs d'élite, spécialistes de telle ou telle branche, ayant pour unique souci le renom de la maison et l'avenir des jeunes gens confiés à leurs soins.

Je suis peut-être mal placé pour dire ici tous les mérites acquis de l'Ecole Professionnelle de l'Est.

Voici ce qu'en disait récemment un de nos meilleurs écrivains de Nancy, publiciste de grand talent, polémiste toujours regretté, ingénieur et artiste à ses heures.

M. Edgard Auguin, rédacteur en chef de la *Revue industrielle de l'Est*, consacrait ces lignes à notre Ecole :

« L'Ecole professionnelle de l'Est n'est point pour les Nancéiens une nouveauté curieuse. C'est, comme disent les Allemands : *une vieille mouche*. Tout le monde en a entendu parler. Les services qu'elle rend à toutes nos industries, les élèves méritants qu'elle forme pour plusieurs de nos grandes écoles, ont établi sa réputation. Modeste au début, elle a pris, entre les mains de son distingué directeur, M. Herborn, une importance capitale. C'est aujourd'hui un véritable petit lycée industriel, où l'on garde la mémoire des vénérés fondateurs, des Loritz, des Tabellion, des Wohlgemuth et où se perpétuent des traditions de travail assidu, de respect, de discipline et de moralité qui sont un honneur non moins pour les maîtres que pour les élèves.

« L'Ecole professionnelle de l'Est est surtout, comme l'indique son titre, une *Ecole de science pratique* où le maniement de l'outil doit suivre immédiatement et compléter l'enseignement oral.

« Aussi, ce qui frappe, en entrant dans la vaste cour des récréations, c'est un bâtiment qu'on ne voit dans aucune de nos autres écoles de Nancy, spacieux sans être très élevé, à un seul étage, avec des cheminées qui fument constamment. Ce sont les ateliers.

*
* *

« Les ateliers de l'Ecole professionnelle de l'Est, beaucoup plus importants qu'on ne le suppose, méritent de retenir l'attention de tous les industriels et de tous ceux que la question importante de l'enseignement technique intéresse.

« A l'une des extrémités, la menuiserie et l'atelier de modèles, avec ses tours, ses établis, sa scie à rubans; ensuite, l'ajustage, la série de tours à filets et chariots, les machines à percer, les étaux limeurs, les machines à raboter. Puis, la forge avec ses quatre feux soufflés par un ventilateur et enfin la fonderie avec son cubilot pour la fonte, son cubilot reversible (système Piat et ses fils) pour le bronze, l'étuve à sécher les noyaux, sa nombreuse série de chassis, etc... Au centre et un peu en retour, la salle de machine, la partie réservée aux électriciens et enfin la chaudière et les magasins, (houille, fonte, fers, sable de fonderie, terre réfractaire, etc...).

« Presque tous les travaux d'élèves sont utilisés, soit dans l'industrie, soit pour des machines à compléter l'outillage de l'Ecole.

« Pour ne citer que quelques-uns des travaux intéressants remarqués, nous mentionnons : Deux machines à percer pour faibles diamètres, étudiées et construites par des élèves aujourd'hui à l'Ecole des Arts et Métiers de Châlons, et mûes à l'électricité : la machine à raboter latérale (système Richard's), dont un conférencier de la Société industrielle de l'Est a dit tous les avantages dans une de nos réunions de l'an dernier. Cette machine a été commencée il y a deux ans dans les ateliers de l'Ecole; elle est complètement terminée. Dessins d'exécution, détails, tout a été fait à l'établissement. Un peu plus loin, une grille en fer forgé, une machine électrique de trois chevaux de force, construite cette année, etc...

« Toutes les transmissions, toutes les machines outils sont actionnées par un moteur Compound horizontal, de 25 chevaux, sorti des ateliers de M. Liébaut, constructeur à Nancy.

« L'atelier d'électricité comprend notamment deux grandes dynamos ; l'une de 115 ampères, type blindé modèle 1897, l'autre de 65 ampères sert de génératrice aux transports de force. Ces deux machines sont de la fabrication de M. Fabius Henrion. D'autres moteurs électriques ont été construits à l'Ecole et fonctionnent également pour actionner différents outils.

« Remarqués aussi les étaux parallèles Parkinson, un petit outillage très complet, le schéma du tableau de distribution électrique, etc.

« Tout cela dénote de la part du Directeur, l'étude suivie des progrès de l'industrie et explique la si grande place que l'Ecole professionnelle de l'Est a prise depuis quelques années dans la région et son bon renom dans toute la France et à l'étranger. »

Cette description de nos ateliers est très exacte ; dirai-je maintenant que leur agrandissement est mis à l'étude, avec tous les perfectionnements et les améliorations possibles ? C'est là que travaillent toute la journée, et à tour de rôle, outre nos apprentis-ouvriers, près de 200 jeunes gens, qui s'appliquent ainsi à vaincre les premières difficultés de la forge, de l'ajustage, de la menuiserie, de l'électricité, du maniement des outils et des machines.

Fabricando fit faber !

M. Auguin continue son récit :

« De là, nous passons au réfectoire, très grand et dont les murs sont décorés de fresques et peintures murales, qui montrent les bons résultats des cours d'arts décoratifs appliqués à l'industrie fonctionnant depuis deux ans à l'École. Puis, les cuisines, avec chauffe-plats, et fours superposés ; la laverie, les salles de bains, etc., tout cela bien aménagé, bien compris.

« Les dortoirs, vastes, très élevés, les lavabos y attenant, ainsi que les vestiaires, révèlent une propreté, un confort, qu'il est difficile de souhaiter mieux appropriés au but à atteindre.

« Deux grandes salles de dessin, l'une pour le dessin graphique, l'autre pour le dessin d'ornement et d'art décoratif. Seize salles de classes et de répétitions, un amphithéâtre pour les cours de physique et de chimie et un musée industriel, avec cabinet de physique, sont destinés aux études. Le tout, chauffé à la vapeur et éclairé à l'électricité, assure une hygiène parfaite.

« Le musée, commencé depuis un an à peine, comprend des collections remarquables. Nous citerons en particulier celles de l'industrie salicole, des fers profilés, des matériaux de construction, des outils aratoires, des appareils électriques (y compris un réchaud, un fer à repasser et même un allume-cigare électrique), des tableaux d'outillage, des courroies, des règlements d'usines, en un mot, tout ce qui est relatif à la technologie industrielle.

« Sans compter les instruments de physique, d'arpentage, de géodésie et les nombreux appareils de démonstration de toutes natures.

« Le tout, en plus des collections que l'Ecole possédait ou a achetées.

Cette liste nous donne occasion de faire un énergique appel à toutes les bonnes volontés des ingénieurs et Sociétés industrielles de la région.

« Pourquoi le Comptoir de Longwy, par exemple, n'enverrait-il pas une collection très complète de ses fontes, avec leurs numéros et la mention de tous les caractères qui les distinguent ?

« Comment ne pas compléter cet aperçu trop sommaire de l'organisation de l'Ecole professionnelle de l'Est, sans regretter que trop peu de Nancéiens, il faut bien l'avouer, la connaissent à peine et ne se doutent pas de la valeur de l'enseignement technique qui y est donné?

« La prospérité de l'Ecole, dont le nombre d'internes a augmenté de moitié en quelques années, réside tout entière dans cet enseignement si bien compris, si bien étudié dans ses moindres détails, et qui donne en même temps aux familles, une sécurité si complète dans la sollicitude paternelle et si ferme à la fois de la direction. »

***

Cet extrait de la *Revue industrielle de l'Est* donne une idée suffisante de notre Ecole. Ce que je puis ajouter en connaissance de cause, après un séjour de six années de labeur et de dévouement, c'est l'entrain et l'ardeur des élèves confiés à nos soins, leur reconnaissance profonde et sincère sous des dehors parfois un peu frustes, leur désir de s'instruire et de profiter des leçons, leur attachement continuel à la Maison où se sont écoulées quelques années de leur jeunesse.

Chaque année, il nous est doux d'échanger quelques lettres avec nos anciens, de recevoir leurs visites, de les enrôler dans notre belle et nombreuse Association amicale, surtout d'enregistrer leurs succès, de les voir grandir, devenir des hommes d'honneur et de devoir, heureux d'avoir trouvé sur leur chemin une Ecole comme la nôtre et des maîtres dévoués qui les ont préparés à leur vocation spéciale, d'après les célèbres préceptes de notre vénéré fondateur, gravés sur les murailles du grand réfectoire :

« L'homme jeté fatalement en dehors de sa vocation est rarement heureux ! »

« Le travail élève l'homme et conduit à Dieu. »

ÉCOLE PROFESSIONNELLE DE L'EST

Visite de M. Henry Boucher

Ce fut assurément une belle apothéose de l'œuvre admirable conçue par Loritz, il y a 54 ans, et continuée avec énergie par les Tabellion, les Wohlgemuth, les Herborn, que cette journée du mardi 19 octobre 1897.

Suivi de l'élite intellectuelle, industrielle et commerciale de toute la région de l'Est, M. Henry Boucher, ministre du Commerce et de l'Industrie, est venu reconnaître solennellement — au nom du Gouvernement de la République — les mérites et les succès de l'initiative privée à Nancy, dans cette œuvre si digne d'intérêt qu'on appelle l'Ecole professionnelle de l'Est.

Le grand parloir de l'établissement avait été décoré luxueusement, tapis, tentures, fauteuils, plantes rares. Au fond, sur une stèle de bois sculpté, le buste du vénéré fondateur, Loritz.

On avait pensé pouvoir inaugurer ce buste dans la grande cour, en même temps qu'un magnifique monument en pierre sculptée, généreusement offert par un riche lorrain ; mais des considérations d'emplacement n'ont pas permis d'accepter l'offre de cette fontaine monumentale surmontée d'un Neptune de deux mètres, dans l'arcature de laquelle eût été placé, sur une stèle décorée d'attributs, le buste en bronze de Loritz.

Le grand bâtiment des études et des classes, ainsi que le pavillon des ateliers, avait été orné d'une profusion de trophées tricolores, pendant que le perron d'honneur formait une véritable forêt d'arbustes au clair feuillage, de laquelle émergeait une tente aux riches tapisseries.

Aux fenêtres, les gracieux minois des invitées, en toilettes éclatantes; dans la cour, les 400 élèves rangés sur deux rangs, dans leur gentil costume noir et bleu, guêtres blanches aux pieds. Et, par derrière, la fanfare de l'École, reconstituée en quinze jours, tambour battant, par ces bons maîtres qui sont MM. Beck, Millot et Bauër.

Prêts à partir au premier signal, les cors et les clairons sont là...

Et voici que, vibrantes, les sonneries aux champs éclatent, les portes s'ouvrent toutes grandes; voici le cortège officiel, pénétrant dans l'École professionnelle de l'Est.

M. Henry Boucher a remis avec un tact des plus exquis, les palmes d'officier d'Académie à M. Herborn, directeur de l'École, et à M. de Gironcourt, président de l'Association amicale des anciens élèves, honorant ainsi officiellement, au nom du Gouvernement, les mérites personnels de ces Messieurs et l'ensemble du corps enseignant.

Notre cher président de l'Association amicale, M. Auguste Regnard de Gironcourt était tout désigné pour cette distinction. Né à Héming (Meurthe), le 24 mars 1844, il fut un brillant élève de l'École Loritz en 1855 et de 1861 à 1863. Sa conduite pendant la guerre de 1870 est digne de tous éloges. Il est aujourd'hui, à Nancy même, conducteur des ponts et chaussées de 1re classe, et les services qu'il ne cesse de rendre à notre Association sont de tous les jours et de tous les instants Il recueille actuellement — ce sera notre *Livre d'Or* de l'École, — les noms et la biographie des anciens élèves morts au champ d'honneur ou qui se sont distingués dans les lettres, les sciences, les arts, l'armée, l'administration, l'industrie, etc.

Quant à notre dévoué directeur, M. Herborn, une longue présentation est certes inutile. Tous, maîtres et élèves, l'estiment et l'aiment; tous ont en lui la plus entière confiance, car il saura maintenir l'École dans la voie tracée par ses prédécesseurs.

Ayant passé son enfance à la saline Daguin de Varangéville, élève de l'École Tabellion, ingénieur de l'École centrale, successivement professeur distingué et directeur émérite, ami intime et collaborateur de Wohlgemuth, M. Herborn était tout désigné pour l'honneur qui lui a été fait par M. le Ministre. C'est lui qui a su imprimer une marche toute nouvelle à l'École professionnelle, qui a su agrandir les ateliers, perfectionner l'outillage, créer la fonderie de fer et de bronze, les cours d'électricité ; c'est lui qui a installé le musée industriel, organisé les grandes promenades et les visites aux usines, établi les cours de diction et de bonne tenue, et donner une vaillante allure à l'École professionnelle. M. Herborn ne s'arrêtera pas en si beau chemin ; aidé des Conseils de l'École, des grands industriels de la région, il saura augmenter le nombre des élèves (400 aujourd'hui), développer le bien-être matériel, organiser une salle de bibliothèque pour les professeurs, et dans les classes supérieures, des bibliothèques d'histoire, de littérature, de voyages et de critique, donnant ainsi à chaque élève ce qui peut concourir le mieux au développement de sa vocation.

∴

Très ému, M. Herborn revient vers ses chers collaborateurs et reporte sur eux une part de l'honneur qui vient de lui être fait. Il sait qu'il a à son service trente dévouements infatigables ; les uns, rompus depuis des années à l'enseignement ; d'autres, plus jeunes et d'autant plus ardents ; tous, honorant leur humble profession et par la formation de brillants élèves et par des travaux personnels dans les sciences, les langues vivantes, le dessin décoratif et industriel, l'histoire du pays lorrain, etc. M. Herborn a le droit d'être fier de ses collaborateurs et tous comptent sur lui et sur les Conseils de l'École pour être soutenus et encouragés dans leur tâche si difficile de chaque jour.

Entouré des Conseils de l'École et de tous les professeurs, M. Giron, président du Conseil d'administration, digne enfin d'être à l'honneur après avoir été si souvent à la peine, prononça ce discours très applaudi :

Discours de M. Giron

Monsieur le Ministre,

Les Conseils d'administration et de perfectionnement de l'École professionnelle de l'Est, réunis pour vous recevoir, m'ont chargé de l'agréable mission de vous saluer en leur nom et de vous remercier de la marque de bienveillance que vous voulez bien accorder à l'École en lui faisant l'honneur de la visiter.

Il appartient bien, en effet, au ministre dont l'activité, la science et les heureuses innovations sont si unanimement appréciées, d'honorer pour la première fois d'une visite officielle, l'École professionnelle fondée en 1844 par M. Loritz,

Aujourd'hui que l'enseignement technique est bien entré dans les mœurs, que chacun reconnaît qu'il est nécessaire de demander au revenu professionnel les ressources que bien souvent on ne trouve plus que difficilement ailleurs, que chacun sent l'impérieuse nécessité de rehausser la prospérité nationale par un nouvel élan industriel et commercial, il serait superflu d'insister, surtout auprès de vous, sur l'importance de cet enseignement.

Je manquerais à mon devoir si je ne disais, dès ce moment, que l'École que vous allez parcourir est la plus ancienne École professionnelle de France.

Issue de l'initiative privée, elle devança de plus de vingt années des écoles similaires, créées par le décret de 1865.

Je ne vous dirai pas non plus les déceptions souvent amères, inhérentes à son début, où les difficultés ne venaient que trop souvent enrayer les idées de M. Loritz ; et pourtant, en évoquant le passé, on pourrait reconnaître que, malgré tout, l'idée suivait son chemin et ne récoltait que des succès et des encouragements malheureusement, *tacites !*

La prospérité toujours croissante de l'École faisant face à toutes ses dépenses, sans subvention d'aucune sorte, suscita des convoitises dans d'autres milieux; la lutte, après être restée sourde pendant longtemps, se déclara ouvertement.

Le principe de liberté que Loritz avait inscrit dans son programme fut menacé; c'est à son successeur, à notre vénéré maître, M. Tabellion, qu'incomba, en 1877, l'honorable mission de prévenir une substitution d'enseignement.

La grandeur de la tâche lui valut le concours de toutes les personnalités du parti républicain de cette époque, et avec le même désintéressement que son ancien maître, avec la même opiniâtreté, M. Tabellion créa, pour ainsi dire une seconde fois, son ancienne École.

Mais alors, de lourds sacrifices s'imposèrent, une société anonyme fut constituée et en quelques mois un capital de près d'un million fut souscrit et permit de construire et installer les bâtiments actuels.

Loin de moi toute pensée amère ! mais qu'il me soit cependant permis de montrer au représentant du gouvernement de la République l'étendue des sacrifices qu'a dû s'imposer notre Société pour répondre aux exigences de l'enseignement.

Quel précieux appoint notre œuvre si féconde en résultats, a apporté à l'enseignement officiel, appoint d'autant plus grand, qu'elle ne lui est pas à charge ! Chacun sait d'ailleurs que l'esprit de cette École est empreint d'un libéralisme incontesté.

Comment aussi ne pas reconnaître les services rendus à la région et à l'État, si l'on songe que les propriétaires n'ont encore connu d'autre rémunération que la satisfaction toute morale d'avoir créé des hommes !

Les conseils de l'École firent plus encore. En 1892, dans un but de philanthropie, ils décidèrent la création d'un cours d'apprentissage absolument gratuit, comprenant les sections de forge, ajustage, menuiserie, modelage, fonderie, électricité.

Aussi, la valeur de son enseignement fut-il bientôt reconnu dans les sphères officielles.

Successivement, le ministère de l'Instruction publique, celui du Commerce et de l'Industrie, tout récemment, celui des Colonies, créèrent un certain nombre de bourses.

Le département de Meurthe-et-Moselle, la ville de Nancy, la Compagnie des chemins de fer de l'Est firent de même.

Les principaux établissements industriels de la région et les associations d'Alsace-Lorraine envoyèrent des pupilles.

Le bon renom de l'École professionnelle était acquis à tout jamais.

Aujourd'hui, nous envisageons l'avenir avec confiance. La pensée du fondateur s'est conservée intacte dans les directions successives, qui, par une heureuse tradition, furent toujours réservées à d'anciens élèves de l'École. C'est même là une des forces de cet établissement, qui trouve ainsi, dans l'esprit de suite des directeurs, dans leur initiative toujours féconde, un élément de succès d'autant plus certain que leur titre d'anciens élèves leur crée des devoirs plus grands.

Ils savent que les progrès vont vite et qu'ils doivent maintenir l'École à la hauteur des besoins toujours nouveaux de l'industrie, du commerce et de l'agriculture.

Aussi est-ce avec une bien grande satisfaction que je rends aux Loritz, Tabellion, Wohlgemuth un public hommage et que je vous présente notre directeur actuel, M. Herborn, qui, comme ses prédécesseurs, a su non-seulement maintenir l'École au premier rang, mais lui donner une impulsion si grande et si bien en rapport avec les tendances de l'industrie moderne.

Un autre élément de vitalité, qu'il serait injuste d'omettre, est l'Association amicale des anciens élèves, qui, sous la sage et habile direction de M. de Gironcourt (que j'ai l'honneur de vous présenter), apporte un précieux concours à l'École par la création de bourses, de prix et par le placement des jeunes camarades.

Chez ses membres, comme chez tous ici, vous trouverez les mêmes sentiments de respect et de dévouement aux institutions que vous représentez, et c'est pour moi un plaisir et un honneur de vous l'exprimer et de vous souhaiter la bienvenue au seuil de l'École.

Discours de M. le Ministre

M. Henry Boucher a répondu à peu près en ces termes à M. Giron :

Mon Cher Président,

Je puis bien vous donner ce titre, car de vieux souvenirs d'amitié m'unissent à vous.

Je vous remercie de cet excellent accueil et vous exprime tous mes regrets de ne pas avoir remis dans cette belle salle, les décorations que je décernais tout à l'heure à MM. Herborn et de Gironcourt.

C'est ici que j'aurais dû en les saluant, saluer votre œuvre toute entière. Si les initiateurs de cette école n'ont pas eu de résultats matériels, vous pouvez vous glorifier d'être des semeurs d'idées. Vous avez semé une moisson humaine, que vous récoltez aujourd'hui à pleins bras; vous avez semé à travers la France la collaboration utile de la science et de l'industrie.

Vous avez ouvert des voies, où l'État n'est entré qu'après vous. C'est un exemple que vous avez donné et celui que l'on peut donner comme modèle à toutes les cités.

Vous avez su inculquer à tous le sentiment profond de leurs œuvres, pour les mener à bonne fin.

Aujourd'hui vous assistez à un triomphe mérité. Vous avez fondé une œuvre durable qui vous survivra et survivra à ces noms honorés dont parlait tout à l'heure votre président : les Loritz et les successeurs de cette œuvre.

Je sais la grande place qu'occupe en France et dans notre région l'École professionnelle de l'Est, combien elle prend une part active pour envoyer des élèves aux arts et métiers et à l'École Centrale. J'ai compté que le plus grand nombre des jeunes gens sortis de votre école ont parcouru la carrière la plus utile pour le bien du pays.

Je faisais faire dernièrement une statistique de ce qu'il y avait de jeunes gens sortis de vos rangs et entrés à l'École centrale.

La plupart des jeunes gens sortis de vos écoles étaient entrés à l'École centrale dans des rangs assez médiocres, avec les n°s 150 à 160. Aux examens de sortie, ils étaient tous au premier rang.

Sur les dix-huit premiers élèves, seize venaient de l'École des arts et métiers. C'est qu'ils étaient entrés à cette école avec un jugement excellent, des connaissances approfondies.

Le sol était quelque peu abrupt d'abord, la semence avait de la difficulté à y germer, mais il donnait tout ce qu'il pouvait donner quand la préparation supérieure lui était donnée.

Vous formez des hommes dont les connaissances supérieures les mettent en état de faire face à un élément supérieur qui sera demain leur grand maître et qui s'appelle la vie.

La Compagnie de l'Est en a bien compris l'utilité, puisqu'elle fait choix des meilleurs fils de ses employés pour les pousser dans cette voie et pour recruter, grâce à vous, des jeunes gens qui formeront des états-majors dignes de vous.

Les conseils généraux imitent l'exemple de la Compagnie de l'Est. Pour moi, qui représente en même temps l'industrie et le commerce, au nom de ces intérêts collectifs si utiles, j'applaudis à votre œuvre passée et souhaite à cette œuvre la durée et la prospérité à laquelle elle a droit.

Il ne peut manquer d'en être ainsi quand une œuvre est entourée d'hommes si unis, d'administrateurs si dévoués, de professeurs si distingués.

Je vous remercie et remercie encore une fois la maison d'à côté, dont les portes sont ouvertes et qui voudra concourir avec vous à la préparation commune de l'extension du commerce et de l'industrie. Toutes deux sont dignes d'être unies ; car animées d'une bonne volonté commune, elles ont à leur tête des hommes qui, de part et d'autre, assureront leurs efforts pour la prospérité du pays.

En terminant, laissez-moi de nouveau vous remercier de votre accueil et vous exprimer mes regrets de n'avoir pas, ici même, remis les récompenses à deux de vos collaborateurs. »

Après les discours et les présentations officielles, le cortège se rend dans la cour de l'École professionnelle.

Les élèves, dans leur joli costume bleu, guêtres blanches aux pieds, qui les fait prendre pour de petits chasseurs à pied, défilent crânement, précédés des sonneries de la fanfare, devant le Ministre et les invités. On se presse pour admirer cet ordre, cette précision, ces cohortes déjà belliqueuses. Sous le riche velum dressé au-dessus du perron d'honneur, s'échelonnent les autorités autour du Ministre. Et les élèves défilent toujours, saluant avec ensemble, fiers et pleins d'ardeur, derrière la vaillante fanfare. Après le défilé, la section de canne et de boxe, sous les ordres du sergent Schmitt, exécute, aux applaudissements de tous, d'intéressants exercices, des danses d'autrefois, des menuets, s'il vous plaît. C'est charmant, et nous surprenons sur les lèvres de M. Henry Boucher cette exclamation : « Mais c'est une École merveilleuse ! » M. Giron est radieux ; M. Herborn rayonne ; M. Mansuy, la cheville ouvrière est heureux ; c'est le triomphe, l'apothéose méritée pour les hardis pionniers de l'éducation libre et libérale. Bravo, crie le Ministre ! Bravo, répètent les assistants enthousiasmés !

Mais la fête du travail n'est pas finie. Le Ministre veut tout voir : les vastes ateliers où l'on travaille le fer, le bois, la fonte, le cuivre. Une coulée de bronze est prête ; M. Michot donne le signal et il sort du moule un superbe souvenir — un cendrier artistique composé par Vallin fils (bon chien chasse de race) — et qui rappellera à M. Henry Boucher une des meilleures heures de sa vie ministérielle. Puis a lieu la visite de l'établissement : les réfectoires aux gaies peintures murales, les blancs dortoirs se succédant à la file, le musée industriel surtout, organisé avec tant d'amour par M. Herborn. Ce sont des exclamations sans fin : « Mais comment faites-vous ? Mais c'est admirable ! Mais c'est parfait ! C'est une vraie découverte que nous venons de faire que cette Ecole professionnelle de l'Est, bien supérieure à celle de Saint-Chamond. » Le secret de ces merveilles, Monsieur le Ministre, c'est l'union intime de tous, directeur, maîtres, élèves et parents.

L'Ecole professionnelle de l'Est a déjà un beau passé ; mais nous lui présageons encore un plus bel avenir. Puissent ses Conseils le préparer activement en secondant les projets du sympathique Directeur, en sachant lier définitivement à son œuvre un corps de professeurs d'élite qui feront de l'Ecole *leur chose* et ne se contenteront pas de leurs devoirs *stricts* de chaque classe ; en montrant enfin à tous ces hommes de cœur, pleins de zèle et d'ardeur, de la confiance, de l'affection et par dessus tout l'exemple de l'union constante : *L'Union fait la Force.*

Mais l'heure s'avance. Les grandes industries nancéiennes : Gallé, Daum, Fruhinsholz, Vilgrain et Pernot, sollicitent les instants si mesurés du Ministre, et M. Henry Boucher quitte vers quatre heures notre Ecole, très heureux de tout ce qu'il a vu, suivi par les applaudissements et les joyeux vivats de toute la grande famille de l'Ecole professionnelle de l'Est.

Le Musée Industriel

Une des créations les plus intéressantes de M. Herborn, c'est le nouveau Musée industriel, qui a été, pour ainsi dire, solennellement inauguré le 19 octobre 1897.

Nous empruntons à l'*Est républicain* une courte description de ce petit Musée de l'Ecole :

« Ce Musée est installé dans la grande salle du cabinet de physique, donnant sur le boulevard Lobau.

« De nombreux commerçants et industriels de Nancy et de la région ont contribué, par des dons gracieux, à former les collections ; elles s'augmenteront certainement par la suite. En même temps que les jeunes gens de l'Ecole professionnelle y trouveront des *leçons de choses* appropriées à leur vocation, les négociants y verront réunis les échantillons des principaux produits naturels et fabriqués.

« C'est ainsi que l'extraction du sel et l'industrie de la soude, si importantes dans notre département, sont représentées par de nombreux spécimens offerts par les sociétés Solvay et Marchéville-Daguin ; l'industrie du fer, par des échantillons de minerai de fer, de fonte, de fers laminés et de produits divers provenant des forges de Champigneulles ; la papeterie, par la réunion de tous les éléments qui concourent à la fabrication du papier : chiffons, pâte de bois, kaolin, talc, etc., le tout offert, classé et étiqueté, par l'importante fabrique d'Etival.

« A citer la belle collection des objets et instruments destinés aux diverses applications de l'électricité, provenant de l'usine d'éclairage électrique et offerts généreusement par M. Fabius Henrion.

« Les instruments aratoires de tout modèle de M. Gouvy, à Dieulouard ; la série de courroies indiquant les différents modes d'attaches en usage dans l'industrie ; la série de pièces forgées par les élèves du cours de Châlons, à l'Ecole professionnelle de l'Est ; la collection de limes, parmi lesquelles on remarque l'excellente lime Hérard, de Saint-Nicolas de Port, essayée pour la première fois à l'Ecole, et appelée pour cela *Lime-Ecole ;* les échantillons de toiles métalliques offerts par la maison Beffeyte ; ceux de chaux hydraulique provenant de M. Fisson, à Xeuilley ; les tuyaux de grès de Rambervillers ; les variétés nombreuses de bois provenant de M. Peltier ; les verres dépolis, striés, ondulés de M. Brentini ; les matériaux divers employés dans la construction du bâtiment, fournis par M. de Roche du Teilloy — toutes ces collections soigneusement installées dans des vitrines et disposées avec méthode, indiquent le concours que le commerce nancéien entend donner à l'organisation du Musée commercial et les services qu'il en attend.

« D'autres séries, dues au travail des élèves, notamment les médaillons artistiques en fonte et en bronze de diverses notabilités lorraines, une bibliothèque d'ouvrages industriels pratiques, et dont quelques-uns ont une grande valeur, enfin, la magnifique collection d'instruments de physique appartenant à l'école, augmentent encore l'intérêt de ce musée, improvisé en quelques jours par les soins de M. Herborn et certainement le plus complet de toute notre région.

« Comme le disait en partant, M. Henry Boucher, l'Ecole professionnelle de l'Est a été une véritable découverte, non seulement pour le représentant de l'Etat, mais encore pour de nombreux industriels et universitaires du pays, voire de la ville de Nancy. »

L'École Professionnelle
DE L'EST
ET L'ENSEIGNEMENT MODERNE

A l'époque du cinquantenaire de la fondation de notre Ecole, j'écrivais dans l'*Est républicain* ces lignes qui sont de plus en plus vraies aujourd'hui :

« Il y a cinquante ans, un homme dont la mémoire est chère à plusieurs générations d'écoliers lorrains, et qui repose aujourd'hui dans un coin du cimetière de Saint-Max, M. Henri Loritz, résolut de créer de toutes pièces à Nancy l'enseignement professionnel, à peu près inconnu jusqu'alors.

« Cet homme remarquable, aux brillantes qualités du cœur et de l'esprit, devinait l'orientation nouvelle de la France et pressentait le mouvement social actuel qui pousse toutes les forces vives vers le commerce et l'industrie.

« Ce qu'a fait M. Loritz, et après lui M. Tabellion et leurs éminents collaborateurs, il n'est pas besoin de chercher bien loin. A côté des foyers scientifiques et littéraires de la ville de Nancy, à côté de l'Université, du lycée, des écoles spéciales, libres ou communales, M. Loritz a créé complètement l'enseignement professionnel, avec ses multiples divisions, ses développements incessants ; il a posé les jalons d'un vaste enseignement théorique et pratique, devançant d'un demi-siècle les plans de l'Etat et de l'Université.

« Et cet enseignement a fait ses preuves : qu'on ouvre l'*Annuaire* de l'Association des anciens élèves, véritable Livre d'or de l'Ecole de l'Est, on verra une légion imposante d'ingénieurs, entrepreneurs, industriels et commerçants distingués, qui ont porté bien haut le renom de l'Ecole Loritz.

« Les uns siègent dans les conseils électifs des communes et des départements, d'autres occupent des situations brillantes dans l'armée, les beaux-arts, les sciences, la géographie, les grandes administrations françaises. Cette Ecole a fourni de nombreux contremaîtres, des négociants qui, par leurs travaux et leur probité, ont fait honneur à leurs affaires; elle a fourni également dans toutes les écoles de l'Etat un nombre respectable d'employés distingués et dévoués; depuis cinquante ans, ses professeurs ont acquis par leurs œuvres personnelles l'estime et la reconnaissance du pays tout entier.

« On peut le dire hardiment : *l'Ecole professionnelle de l'Est a bien mérité de la Lorraine.*

⁂

« Ces mérites, elle les doit justement à cet enseignement pratique, qui s'adapte à toutes les vocations d'enfant, depuis les tenants des belles-lettres et des sciences pures, jusqu'aux agriculteurs et aux simples ouvriers de forge.

« Les trois branches de notre enseignement intéressent en effet toute l'activité humaine, et l'industrie et le commerce surpassent aujourd'hui l'agriculture.

« Si l'une ravit au sol la sève de vie renfermée dans son sein et la transforme en mille biens pour les habitants de la terre, les autres s'emparent des forces matérielles et brutales de la nature, les assujettissent, les mettent au service de l'homme, les rendent tributaires de tous ses besoins, lui soumettent l'eau, le fer, le feu, la vapeur, l'électricité, etc.; lui font des armes, des tissus, des vêtements, en un mot, l'enrichissent, le défendent et le protègent de toutes manières.

« Cette importance générale de l'industrie, du commerce et des arts décoratifs, s'accroît chaque jour. A Nancy, nous venons de voir le lycée entrer dans la voie tracée il y a un demi-siècle par M. Loritz; la municipalité s'efforce de développer son Ecole des beaux-arts qui a déjà produit tant de sujets d'élite.

« Et, il faut bien le dire, cet enseignement professionnel est tout l'avenir de la France. Les études littéraires, la haute culture intellectuelle, resteront le partage d'une élite de citoyens, et l'enseignement dit *moderne*, prendra de plus en plus des développements considérables.

« Et c'est à quoi il faut songer sérieusement : notre enseignement, notre éducation professionnelle doit former la France de demain, la masse active et laborieuse qui remplira les conseils de la nation et qui sera appelée à décider des choses les plus importantes, depuis les conseils municipaux jusqu'au Parlement.

« Cette éducation fournira les corps dirigeants à qui il faudra de plus en plus de solides raisonnements, un jugement élevé et droit, des connaissances étendues sur le présent, le passé et l'avenir des peuples. Aujourd'hui qu'en France tout le monde peut parvenir aux plus hautes destinées, il est important qu'il y ait une éducation spéciale qui élève les intelligences à la hauteur de ces destinées sociales.

« C'est ce que notre éminent compatriote, ancien ministre de l'instruction publique, M. Poincaré, avait bien compris. A la suite des plus nobles esprits d'il y a cinquante ans, les Guizot, les Saint-Marc Girardin, les Villemin, notre compatriote avait résolu de donner à l'enseignement professionnel dans les collèges et lycées la place qui lui revenait en notre fin de siècle démocratique.

« Il ne s'agit pas, encore une fois, à Nancy ou ailleurs, de substituer l'éducation professionnelle à l'éducation classique, il s'agit simplement de mettre *à côté* de l'éducation classique l'éducation professionnelle, d'établir par conséquent différentes études correspondant à la diversité des professions sociales.

« Seule, depuis cinquante ans, l'Ecole professionnelle de l'Est, dans notre région lorraine, a rempli ce but. Partout ailleurs, jusqu'à ces dernières années, on s'était peu préoccupé de l'éducation des classes industrielles, commerçantes et artistiques. Au milieu des théories, des conflits, des tiraillements de tous genres, une société nouvelle s'est élevée en France. L'industrie, le commerce, les arts libéraux et mécaniques l'ont créée; c'est elle, à son tour, qui les fait fleurir parmi nous: société nombreuse, active, laborieuse, forte, opulente et dominatrice, fille de ses œuvres.

C'est à quoi tendent les efforts de l'Ecole professionnelle de l'Est : donner des hommes à cette société nouvelle. Le grand principe de ses directeurs a été celui-ci :

« Pendant qu'une multitude d'éducations classiques se poursuivent et s'achèvent sans bons résultats pratiques, l'enseignement professionnel donne à chacun ce qui lui convient, s'adapte aux petits talents en germe, les développe suivant les dispositions intimes et crée ainsi des spécialistes.

« Aussi le passé est là avec ses preuves éclatantes ; nous n'avons peut-être pas fait de grands littérateurs, des poètes, des mathématiciens transcendants, des historiens éminents; mais nous avons donné à ces trois forces vives de la nation : l'agriculture, le commerce et l'industrie, des hommes spéciaux, agronomes, négociants, industriels, surtout des hommes pratiques, très aptes à se débrouiller parmi les difficultés de la lutte pour la vie, surtout des hommes de cœur, de dévouement et de bon conseil.

« Une école de ce genre est donc nécessaire au plus haut degré; pour réussir dans cette éducation multiple, il faut un personnel nombreux et distingué, il faut nécessairement des spécialistes qui pourront, avec autorité, enseigner le dessin graphique et industriel, les mathématiques, la mécanique, les sciences exactes, la chimie, la physique, le travail du fer, de la fonte, de la pierre et du bois, la comptabilité, la technologie du commerce, le droit commercial, l'histoire, la géographie, la littérature, le modelage, la décoration, la législation ouvrière et douanière, l'économie politique, etc. »

Les Expositions annuelles

Plusieurs fois, au cours des dernières années, l'École professionnelle de l'Est a obtenu d'importantes récompenses aux diverses Expositions nationales ou internationales.

Sans parler des travaux personnels des professeurs, ouvrages scientifiques ou littéraires, historiques ou techniques, notre École a obtenu diverses médailles à l'Exposition de 1889, à celle de Chicago, aux Concours d'Épinal, de Nancy, etc.

Chaque année, une exposition scolaire réunit au mois de juillet, les travaux des élèves.

Voici ce que je disais d'une des plus remarquables expositions, en 1895 :

« On a tout dit et fort bien sur l'avenir de l'enseignement professionnel, agricole, industriel et commercial, tant au point de vue théorique que pratique. Cet enseignement moderne est aujourd'hui prôné de toutes parts, et nous venons d'apprendre que le ministre de l'instruction publique veut organiser, au lycée de Nancy, des cours qui existent depuis plus de cinquante ans à l'École professionnelle de l'Est.

« Aussi bien, les résultats pratiques de cet enseignement professionnel sont-ils des plus consolants. On n'a qu'à parcourir la liste des *anciens élèves* de l'École de l'Est pour voir les belles situations acquises dans le commerce et l'industrie par la plupart d'entre eux. M. Pfister le faisait justement remarquer : c'est un beau *Livre d'or* pour cette École que cette longue liste d'honorables industriels, commerçants, artistes, contremaîtres, savants, militaires, etc.

Ces succès sont dus évidemment à l'initiative et aux labeurs de chacun ; mais il est juste d'en rapporter quelque chose à l'enseignement des zélés directeurs et professeurs de l'École de l'Est. Pour n'en citer que quelques-uns, qui pour être délaissés par l'État aux jours de distribution de palmes violettes, n'en sont pas moins très méritants, ce sont MM. Blascheck (1) et Michot, Beck et Colin qui ont organisé la curieuse exposition scolaire, qui déconcerte toutes les idées, faites à l'avance, sur les travaux habituels de ce genre.

« L'exposition actuelle comprend quatre parties : forge, fonte et menuiserie ; dessin industriel, lavis, croquis et ouvrages d'art ; dessin d'après nature, aquarelle et art décoratif ; modelage et cartes géographiques.

« Voici de nombreuses pièces de forge, d'ajustage sur fer et de fonte, exécutées dans les ateliers de l'École par les élèves du cours des arts et métiers ; règles, compas d'épaisseur, étaux à main, tenailles à chanfrein, tocs, étaux à griffes, clés à molettes, exercices de tours, machines-outils, équerres, compas, machines, transmissions.

« A côté les curieux spécimens de la nouvelle fonderie établie depuis un an à l'École et qui a déjà fourni des pièces importantes à nos industries de l'Est.

« La menuiserie occupe aussi un bon rang : série d'assemblages, outils, établi, rabots, scies, équerres, presses, etc.

« Le dessin industriel offre toute la théorie du lavis et des ombres, des croquis de machines, des projets d'architecture, un distributeur Rider, des ponts, pompes à air, cabestans, épures, lavis, machine à raboter, chaudières, en un mot l'étude intéressante des machines de nos grandes manufactures.

« Dans la salle voisine, voici le dessin d'imitation d'après nature et le modelage : fusains, paysages, ornements d'architecture, motifs de décoration, chapiteaux, rosaces, vases, feuilles d'acanthe, bustes, fleurs modelées dans la terre, etc.

« Une partie non moins intéressante, est une série

---

(1) M. Edmond Blascheck est mort à Nancy en octobre 1896.

de 57 cartes de France, entièrement dressées par les élèves de 1re année (cours de M. Colin), mais dressées de mémoire, depuis les simples contours jusqu'aux diverses transformations politiques et administratives.

« Cet ensemble prouve que l'enseignement de la géographie physique et politique est poussé très loin dès la 1re année, afin de réserver aux cours spéciaux l'étude de la géographie économique. »

APRÈS LA FÊTE

Il n'y a pas de bonne fête sans lendemain.

D'un commun accord, maîtres et élèves de l'École professionnelle de l'Est résolurent d'offrir à leur dévoué Directeur un témoignage probant de leur affection et de leur reconnaissance.

Il fut convenu que l'École tout entière offrirait des palmes académiques en brillants à M. Herborn. Cette décoration, enrichie de nombreux diamants, roses et brillants, fut solennellement remise à notre cher directeur le jeudi 28 octobre 1897.

Par un clair et chaud soleil d'automne, tous les élèves étaient réunis dans la cour, rangés sur deux rangs, prêts à défiler aux accents de la fanfare.

Une délégation de professeurs composée de : MM. Mentré, officier de l'Instruction publique; Hertzog, Minguin, Stock, officiers d'Académie, est allé prendre M. le Directeur à son bureau pour l'amener au parloir, où l'attendaient tous les professeurs de l'École et une délégation des élèves de chaque classe.

M. Mansuy, sous-directeur, prit le premier la parole :

Monsieur le Directeur,

Il y a quelques jours, dans une salle voisine de notre chère École, M. Henry Boucher, ministre du commerce et de l'industrie, vous remettait solennellement le diplôme d'officier d'Académie et le ruban violet, digne récompense des services nombreux que vous avez rendus à la cause de l'enseignement industriel et commercial. Par un acte de modestie qui vous honore, vous avez, près du ministre, fait rejaillir sur votre personnel l'honneur qui vous était rendu. Chacun, parmi nous, sait ce que vous avez fait, et personne ne le sait mieux que nous.

Aujourd'hui, nous avons voulu aussi prendre part à votre joie en vous offrant ces palmes académiques, témoignage à la fois de l'affection de vos collaborateurs et de la reconnaissance de vos élèves. Vous ne doutez ni de l'une, ni de l'autre; en maintes circonstances, nous nous sommes tous groupés autour de notre chef, mûs par un sentiment de solidarité inhérent à l'École (ce qui fait sa force et sa supériorité), pour lui prouver ce dévouement et cet attachement.

En ce jour de fête intime, nous avons tenu à vous remettre nous-mêmes ce bijou universitaire qui vous était dû à tant de titres.

Vos collaborateurs, n'ayant pu vous applaudir au jour de la venue du ministre, ont voulu vous décorer à leur tour dans cette même salle où un membre autorisé du gouvernement a fait un si bel éloge de notre École et des vénérés directeurs qui vous ont précédé : les Loritz, les Tabellion, les Wohlgemuth que nous avons connus et aimés, comme nous vous aimons tous.

Au nom de tous mes collègues, ici présents, au nom de tous les élèves internes et externes de l'École, j'ai l'honneur de prier M. Mentré, le professeur décoré le plus âgé de l'École, de vous remettre ces palmes, qui seront pour vous un faible, mais sincère témoignage de notre affection et de leur gratitude. »

Après ces paroles très applaudies, M. Mentré remit à M. Herborn au nom des professeurs et des élèves les palmes en brillants. En lui donnant l'accolade, le vénérable parrain dit : « Monsieur le Directeur, c'est au privilège de l'âge que je dois l'honneur de vous remettre ces palmes. Néanmoins, je suis très heureux de cette circonstance qui me permet de vous dire que si mes cheveux ont blanchi, mon cœur n'a point vieilli pour ce qui concerne les choses de l'enseignement, ni pour ce qui touche à la prospérité de cette École, que vous dirigez si habilement. »

Très ému de ces marques de vive sympathie, M. Herborn, répondit à peu près en ces termes :

Mes chers Collègues,

Le témoignage d'affectueuse amitié que vous me donnez, me touche plus profondément que je ne puis le dire. Ainsi que je l'ai exprimé à M. le ministre du commerce, je reporte pour une grande part sur votre zèle à tous, la distinction qui honore l'École entière. Sa prospérité est notre œuvre; vous avez compris avec moi qu'il ne fallait compter que sur nous, que nous nous devions corps et âme à une institution qui doit être nôtre. C'est grâce à cette communauté d'idées que l'École est devenue ce qu'elle est aujourd'hui : une école avec laquelle il faut compter et dont le personnel enseignant n'est inférieur à aucun autre, je le dis bien haut.

Vous vous êtes pour ainsi dire identifiés avec cette École, vous appliquant ce vieil adage si vrai : « l'union fait la force » et les résultats obtenus sont là pour témoigner de votre valeur. Je vous en remercie de toute mon âme. Dans cette École, où j'ai eu bien des joies, mais hélas! où j'ai éprouvé des douleurs si cruelles, c'est pour moi une grande consolation que de recevoir une fois de plus vos témoignages d'affection.

Nous n'avons qu'à persévérer dans cette même voie, qu'à rester comme il a été déclaré officiellement, les travailleurs infatigables indiquant bien souvent la marche à suivre. Aussi suis-je certain d'être l'interprète des Conseils de l'École, dont la présidence a été donnée à un ancien élève, en vous remerciant, en ce jour inoubliable pour moi, de votre concours si dévoué, qui recevra, je l'espère, dans un temps prochain, une forme plus tangible.

Merci donc encore une fois et du fond du cœur, de votre dévouement si digne d'éloges et de l'amitié si sincère dont vous venez de me donner la preuve.

Aussitôt après, on s'est rendu en cortège dans la cour, où les élèves se disposaient à donner une petite fête en l'honneur du directeur.

Un défilé des élèves, des exercices gymnastiques, tout cela avec accompagnement de jolis morceaux de musique et de marches entraînantes jouées par la fanfare de l'École, tel fut le programme que les élèves ont rempli avec une précision très digne d'éloges.

La fête terminée, M. le Directeur reprit la parole. Tout en remerciant ses élèves, pour cette démonstration qui l'a ému jusqu'aux larmes, il a su profiter de cette circonstance pour rappeler aux élèves l'esprit de l'École et les devoirs nombreux qui leur incombent pour contribuer par leur travail, à maintenir et à accroître les succès qui ont jusqu'à ce jour assuré la prospérité de l'École.

L'annonce d'un jour de congé supplémentaire au Nouvel An porta l'enthousiasme à son comble.

Et maintenant tout est rentré dans l'ordre et le devoir; maintenant la ruche active et laborieuse travaille courageusement en vue des luttes futures.

Qu'il me soit permis, en terminant, de rappeler à tous nos jeunes élèves ces paroles par lesquelles je terminais mon discours d'inauguration du monument du célèbre Maréchal de France, Bassompierre :

« Fixons toujours le drapeau de la France, marchons autour de lui, serrons-nous près de lui, montons ensemble le chemin de l'honneur et de la gloire. S'il ne nous est pas donné de mourir pour sa défense, vivons du moins pour honorer notre patrie, pour l'aimer et la servir dans les multiples conditions de l'existence. Soyons bien de notre temps, allez ! comme les héros de Haroué ont été de leur époque.

Respectons, aimons, fortifions le gouvernement que la France s'est librement donné, soyons de vrais et sincères républicains, moins soucieux de notre intérêt personnel, des mesquines rivalités de personnes, que des destinées de la patrie et du triomphe définitif des idées libérales, tolérantes et justes.

« Laissons nos fils creuser un jour leur sillon et faire œuvre d'hommes à leur tour; du passé glorieux des ancêtres, prenons les beaux exemples, évitons les faiblesses et les erreurs, et marchons, marchons en dépit des défaillances et des attaques; plus haut, toujours plus haut dans le travail, le devoir, le dévouement, la solidarité, l'union, la civilisation, le patriotisme et la vertu; c'est la devise de tout bon Français et c'est le vœu suprême de nos quatre héros, Pouget et Gérard, Beauvau et Bassompierre; Bassompierre qui, du haut de ce piédestal nous crie à tous : « Aimez la France ! Tout pour la France ! Vive la France ! »

Nancy. — Imp. Crépin-Leblond, passage du Casino.

www.ingramcontent.com/pod-product-compliance
Lightning Source LLC
LaVergne TN
LVHW020304230826
846091LV00006B/2527

* 9 7 8 2 0 1 3 2 4 8 3 5 8 *